miEnfoque LIBRO DE LECTURA

NIVEL

Pearson Education, Inc. 330 Hudson Street, New York, NY 10013

ISBN-13: 978-0-134-90789-5
ISBN-10: 0-134-90789-2
4  19

Glenview, Illinois Boston, Massachusetts
Chandler, Arizona Nueva York, Nueva York

Contenido

UNIDAD 1

Entornos

Pregunta esencial

¿Cómo nos afecta el entorno?

Leer e interactuar con el texto

Desarrollar la comprensión y el vocabulario. Hacer conexiones.

¡No se permiten carros!

Pregunta de la semana ¿Cómo viajan las personas en diferentes lugares?

Comprensión Usar la evidencia del texto

Vocabulario académico Las raíces y los afijos

Impacto ambiental

Pregunta de la semana ¿Cómo se relacionan las diferentes culturas con sus entornos?

Comprensión Inferir el tema

Vocabulario académico Las claves del contexto

Una forma distinta de comer

Pregunta de la semana ¿Cómo puede el entorno afectar nuestras vidas y relaciones?

Comprensión Hacer inferencias

Vocabulario académico Las raíces y los afijos

Maneras creativas de sobrevivir

Pregunta de la semana ¿Qué soluciones creativas tienen las personas para sobrevivir en su entorno?

Comprensión Analizar los elementos del texto

Vocabulario académico Las relaciones de significado

Un viaje inolvidable

Pregunta de la semana ¿Por qué es importante apreciar nuestro medioambiente?

Comprensión Visualizar detalles

Vocabulario académico Las raíces y los afijos

¡No se permiten carros!

La isla Mackinac (se pronuncia MA-ki-no) es una isla pequeña. Está frente al estado de Michigan. La isla tiene una regla especial. ¡No se permiten carros ni camiones! Las personas caminan o andan en bicicleta. Solo se permiten carros y camiones para los que trabajan en la ciudad.

Cada verano, llega casi un millón de visitantes a la isla. Caminan por los bosques o andan en bicicleta por la costa. Hay una costumbre de la isla que a los visitantes les encanta: ¡hacer caramelo! ¡Tienes que probar el caramelo de Mackinac! Hay por lo menos seis tiendas de caramelos en la isla.

El verano es la mejor época para ir de visita. Hay muchos otros visitantes. Los barcos van y vienen todo el día del continente a la isla. Basta subirse a uno y disfrutar del paseo en el agua.

Vocabulario académico

costumbre sustantivo que significa 'la manera de hacer algo entre un grupo de personas'

Comprensión

Usar evidencias del texto La idea principal es que el verano es la mejor época para visitar la isla. En el texto hay evidencias que explican por qué.

Termina el verano. Solo quedan unas 500 personas en la isla. Hay una sola escuela con apenas unos 80 estudiantes. Los barcos dejan de llegar. La isla queda separada del continente. Pero las personas pueden tomar un pequeño avión si lo necesitan.

Para febrero, el lago suele estar congelado. El hielo forma una especie de puente sobre el lago. Puedes ir caminando al continente. Pero ¿cómo se sabe si el hielo está firme? Un grupo de valientes resuelve ese problema por ti. Ellos mismos revisan el hielo. Luego, marcan un camino seguro con árboles.

La isla Mackinac es un lugar divertido en cualquier estación del año. Pero ¡deja el carro en el continente! ¡Y no olvides probar el caramelo!

Vocabulario académico
resuelven verbo que significa 'encontrar la respuesta a un problema'

Acceso al texto

Usar evidencia del texto Vuelve a leer el último párrafo. Úsalo para escribir una oración que describa el argumento y el ambiente del cuento.

Vocabulario académico La palabra *resolver* viene del latín. Su significado antiguo era 'aflojar'. Cuando aflojas algo, se hace más fácil de abrir. ¿Cómo te ayuda eso a entender la palabra *resuelve* en el quinto párrafo?

Impacto ambiental

Comprensión

Inferir el tema
El tema de este texto se relaciona tanto con el medioambiente como con la cultura.

Se llama cultura a los valores y creencias que comparte un grupo. La cultura afecta el modo de actuar y pensar de las personas. Puede tener un impacto fuerte en la forma en que las personas ven el mundo.

El medioambiente puede afectar la cultura. La cultura de las personas que viven cerca del mar es distinta de la de las personas que viven en el desierto. Pero la cultura también puede afectar al medioambiente.

China es un ejemplo de una cultura que afecta a otras culturas. En China, no se vota. El gobierno puede contaminar el aire y el agua. El pueblo no puede opinar. Muchas ciudades de China tienen los niveles más altos de contaminación del mundo.

Otros países se ven afectados por la contaminación de China. Las personas quieren que China cambie sus costumbres. Pero cuidar el medioambiente no es parte de la cultura china. No será fácil resolver los problemas en China.

Los Estados Unidos tiene una cultura de libertad. Las personas pueden votar para ayudar al medioambiente. Las empresas tienen opciones. Algunas empresas limpian porque les importa. Pero otras limpian para ganar la competencia por tener clientes. Las personas les dicen a las empresas que deben cuidar el medioambiente. Las personas también votan leyes para limitar la contaminación.

En los Estados Unidos, hay organizaciones creadas para cuidar el medioambiente. Algunas organizaciones ayudan a rescatar parques o a limpiar el aire.

La cultura de la libertad nos ha traído aire y agua más limpios. Estados Unidos no es el único país al que le importa el medioambiente. Muchos países a los que les importa trabajan juntos. Quieren mostrarles a otros países por qué el medioambiente es importante.

Vocabulario académico

competencia sustantivo que significa 'rivalidad entre empresas para conseguir clientes'

Vocabulario académico

organización sustantivo que significa 'empresa o grupo que se forma por una razón determinada'

Acceso al texto

Inferir el tema Busca en el texto palabras que veas una y otra vez. ¿Cómo te ayudan a inferir el tema las palabras que se repiten, como *medioambiente, contaminación y cultura*? Comenta el tema con un grupo pequeño.

Vocabulario académico Vuelve a leer el cuarto párrafo. ¿Cómo te ayudan a saber qué significa la palabra *resolver* las claves del contexto "cambie", "no será fácil" y "problemas"? ¿Qué problemas resolviste recientemente?

Una forma distinta de comer

¿Has comido a oscuras alguna vez? La mayoría de la gente no lo ha hecho nunca. ¡Al menos que se corte la luz durante la cena!

En 1999, un hombre ciego llamado Jorge Spielmann abrió un restaurante. Lo llamó La vaca ciega. La vaca ciega se volvió un restaurante muy concurrido, y lo sigue siendo. El espacio donde se come está completamente oscuro. Solo los baños y el frente están iluminados. Los meseros y meseras también son ciegos. Ellos acompañan a los clientes a su mesa en la oscuridad. Y los comensales comen totalmente a oscuras. Comer en La vaca ciega es una ocasión muy especial.

Vocabulario académico
ocasión sustantivo que significa 'oportunidad'

Vocabulario académico
resolver verbo que significa 'encontrar la respuesta a un problema'

Spielmann solía invitar a amigos a cenar a su casa. A menudo, les pedía que se vendaran los ojos. Los invitados que probaban se sorprendían. ¡Disfrutaban aún más de la comida! Muchos notaban *cómo* estaban comiendo. Pero no veían su mano ni el tenedor. No veían la comida en el plato. ¡Piensa en todos los problemas que tenían que resolver!

Cuando no ves, tienes que usar tus otros sentidos. Te concentras más en la comida. Las personas que comen en La vaca ciega piensan en los olores y sabores. Se dan cuenta de cómo se *siente* un bocado de comida en la boca. También escuchan los sonidos con más atención. ¿Qué dicen las demás personas que están en la mesa?

La vaca ciega no tiene mucha competencia. ¡No muchos restaurantes dejan la luz apagada! Pero a los clientes les gusta comer a oscuras. Vuelven más de una vez. Quieren oler, saborear y sentir de verdad la comida. Quieren escuchar de verdad las ideas de las personas que los rodean.

Comprensión

Hacer inferencias
De este párrafo, puedes inferir que la mayoría de los restaurantes dejan la luz encendida porque las personas están acostumbradas a ver la comida.

Acceso al texto

Inferir el tema Vuelve a leer el tercer párrafo. ¿Por qué crees que un hombre ciego les pediría a sus invitados a cenar que se vendaran los ojos? Habla con un compañero de lo que puedes inferir.

Vocabulario académico La raíz de la palabra *competencia* es *competir*, que puede significar 'ir por algo', muchas veces contra otros que tienen el mismo objetivo. ¿Cómo te ayuda eso a entender la palabra *competencia?* ¿En qué competencias has participado?

Maneras creativas de sobrevivir

En algunos entornos no es fácil vivir. Algunos lugares son demasiado cálidos o demasiado fríos. Otros lugares son demasiado húmedos o demasiado secos. De todos modos, en muchos de esos lugares extremos viven personas. Las personas encuentran maneras de sobrevivir allí.

Australia

Coober Pedy es un pueblo de Australia. En verano, durante el día, la temperatura puede superar los 120 grados. Las personas aprendieron a sobrevivir construyendo bajo tierra. Tallan las viviendas en la roca. Tienen tiendas subterráneas y una iglesia subterránea. Bajo la tierra está mucho más fresco que afuera.

Quizá te preguntes por qué hay personas que viven en Coober Pedy. Es un buen lugar para extraer unas piedras preciosas llamadas ópalos. Muchos de los habitantes del pueblo son mineros. Eso significa que también trabajan bajo tierra. Encontrar ópalos hace que valga la pena vivir en un lugar tan difícil. Vivir bajo tierra resuelve el problema de sobrevivir en el calor.

Comprensión

Analizar los elementos del texto El subtítulo "Australia" es un elemento del texto.

Vocabulario académico

resuelve verbo que significa 'encuentra la respuesta a un problema'

Malasia

Los bajau no tienen tierras. Fueron a Malasia, pero no se les permitió asentarse allí. Por eso construyeron sus viviendas sobre pilotes en el agua. Dependen del mar para sobrevivir.

En lugar de aprender a leer y escribir, allí los niños aprenden a pescar y a fabricar botes. Los niños pasan mucho tiempo en el agua. Sus ojos se adaptaron a ver bajo el agua. En ocasiones especiales, los bajau van a tierra firme. Las familias intercambian lo que pescaron por cosas que necesitan. A ellos, la tierra les resulta tan extraña como a nosotros el agua.

Vocabulario académico

ocasiones sustantivo que significa 'momentos en que pasa algo'

Noruega

Los samis viven muy al norte en Noruega. Hace frío casi todo el año. Los samis llevan cientos de años viviendo allí. Sus costumbres los ayudan a sobrevivir. Usan ropa muy abrigada. Viajan en trineo o en esquíes. Son famosos por arrear renos y usan los renos para que tiren de sus trineos.

Los samis tienen sus propias lenguas. Tienen su propio gobierno. También tienen su propio estilo de ropa. Sus tradiciones los ayudan a sobrevivir en ese clima frío.

Acceso al texto

Analizar los elementos del texto Los elementos del texto son los títulos, los subtítulos, las fotos y demás. ¿Qué elementos de este texto fueron los que más te ayudaron a entenderlo? Da ejemplos y explica cómo te ayudaron a entender.

Vocabulario académico Encuentra la palabra costumbres en el sexto párrafo. Una costumbre es un comportamiento individual o grupal que se repite una y otra vez. ¿Qué costumbres tienes tú o tu familia?

Un viaje inolvidable

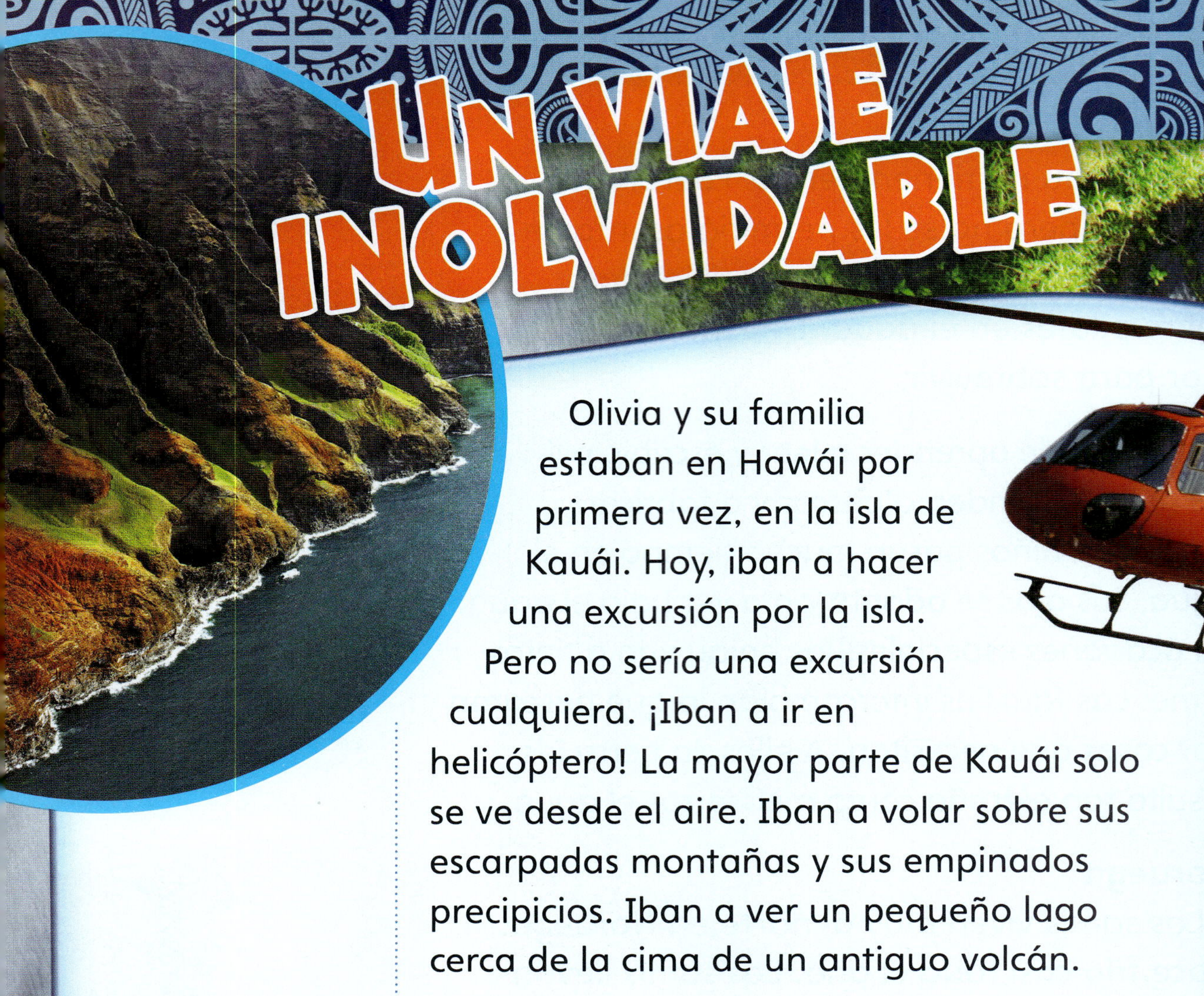

Olivia y su familia estaban en Hawái por primera vez, en la isla de Kauái. Hoy, iban a hacer una excursión por la isla.

Pero no sería una excursión cualquiera. ¡Iban a ir en helicóptero! La mayor parte de Kauái solo se ve desde el aire. Iban a volar sobre sus escarpadas montañas y sus empinados precipicios. Iban a ver un pequeño lago cerca de la cima de un antiguo volcán.

El piloto voló hacia el centro de la isla. Olivia no veía la hora de ver el monte Waialeale. Su nombre significa "aguas ondulantes" en hawaiano. Alguna vez, esa montaña fue un volcán. Es uno de los lugares más húmedos de la Tierra. ¡Recibe más de 450 pulgadas (1,143 centímetros) de lluvia por año! Olivia miraba los frondosos bosques, las altas montañas y las cascadas danzantes.

Poco después, estaban sobre el volcán. El piloto

Comprensión
Visualizar detalles
Usa esta oración para visualizar: *Olivia miraba los frondosos bosques, las altas montañas y las cascadas danzantes.*

señaló un artefacto cerca de la cima que mide la lluvia que cae. Dijo que es casi imposible escalar el volcán.

Toda esa lluvia hace que sea muy empinado y resbaladizo. Por eso, hay que revisar el pluviómetro desde el aire.

Hace mucho tiempo, valientes seres humanos escalaron la ladera del volcán. Lo sabemos porque dejaron un pequeño altar. Olivia intentó imaginar cómo habría sido vivir en esa época. ¿Cómo era antes de que hubiera teléfonos y helicópteros? ¿Qué costumbres tendrían? ¿Por qué habrían ido a un lugar tan peligroso? Pero hoy, Olivia estaba contenta de vivir en el presente y explorar el entorno desde el aire.

Consejos de viaje: En Hawái hay mucho para ver y para hacer. Antes de viajar, las personas consultan a organizaciones turísticas. Cada empresa ofrece distintas maneras de disfrutar de las vistas.

Vocabulario académico
costumbres
'sustantivo que significa maneras de comer, vestirse o hacer cosas que comparte un grupo'

Vocabulario académico
organizaciones
sustantivo que significa 'empresas o grupos formados por un motivo determinado'

Acceso al texto

Visualizar detalles Vuelve a leer el último párrafo sobre los seres humanos de hace mucho tiempo. Imagina que eres uno de ellos. Cuéntale a un compañero lo que ves mientras subes la ladera del antiguo volcán.

Vocabulario académico La palabra raíz *organizar* puede significar 'formar un grupo', y el sufijo *-ción* significa 'acción o proceso de'. ¿Cómo te ayuda eso a saber qué significa *organizaciones*? Habla con un compañero sobre organizaciones que conozcas.

UNIDAD 2

Interacciones

Pregunta esencial

¿Cómo conviven las plantas y los animales?

Leer e interactuar con el texto

Desarrollar la comprensión y el vocabulario. Hacer conexiones.

A veces es bueno pasar desapercibido

Pregunta de la semana ¿De qué manera los animales se ayudan trabajando en equipo?

Comprensión Identificar la idea principal

Vocabulario académico Palabras con significados similares

Un safari de jardín

Pregunta de la semana ¿Cómo se apoyan los seres vivos en un hábitat?

Comprensión Evaluar los detalles

Vocabulario académico Los sinónimos

Al rescate en la playa

Pregunta de la semana ¿Cómo puede una cadena de sucesos afectar a los animales y a las plantas?

Comprensión Resumir información

Vocabulario académico Los sinónimos

Las especies y su hábitat

Pregunta de la semana ¿De qué manera reintroducir una especie afecta a los animales y a las plantas de un hábitat?

Comprensión Analizar la estructura del texto

Vocabulario académico Palabras con significados similares

Las plantas y los animales se necesitan entre sí

Pregunta de la semana ¿Por qué es importante que las plantas y animales dependan unos de otros?

Comprensión Explicar el propósito del autor

Vocabulario académico Los sinónimos

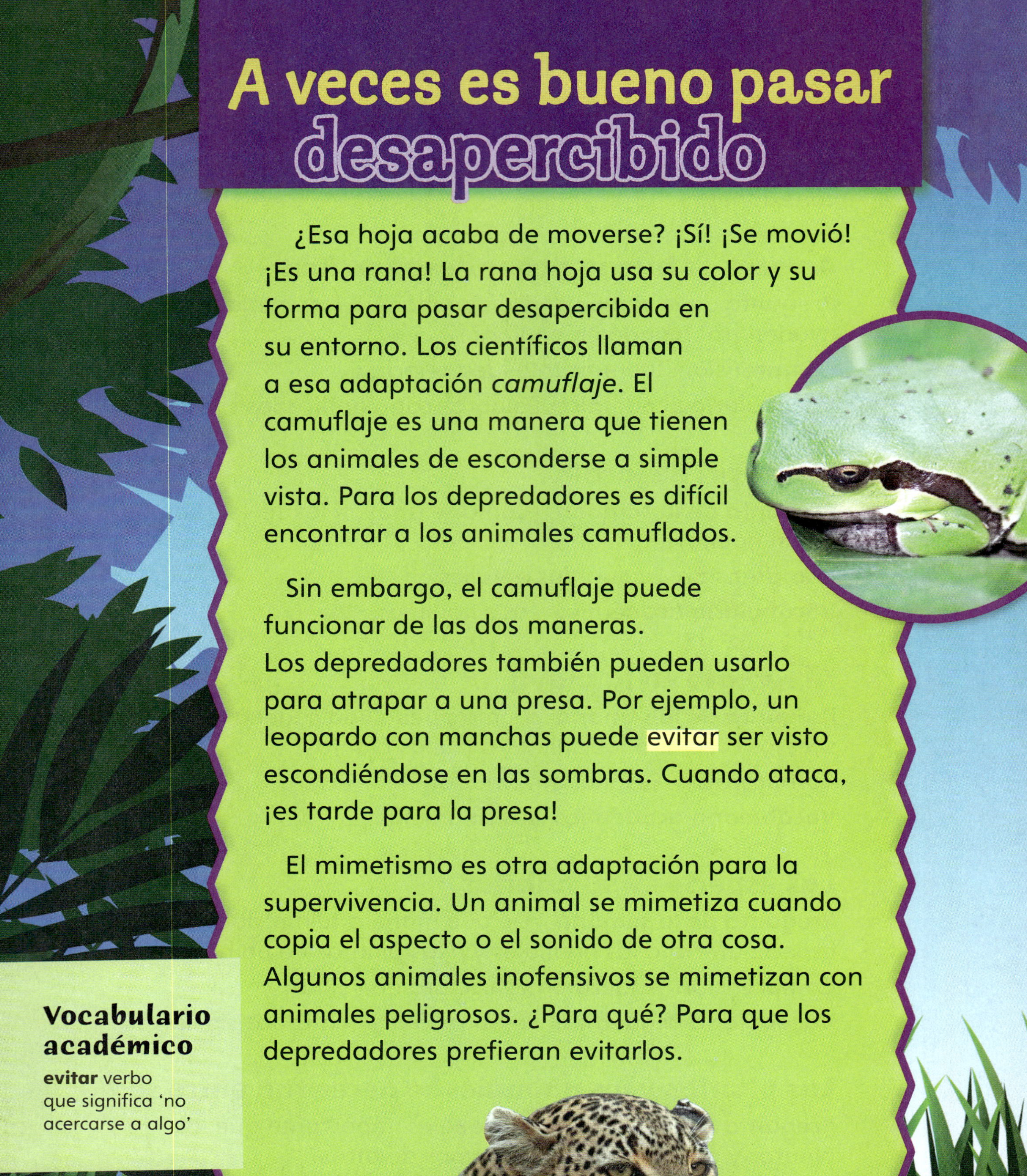

A veces es bueno pasar desapercibido

¿Esa hoja acaba de moverse? ¡Sí! ¡Se movió! ¡Es una rana! La rana hoja usa su color y su forma para pasar desapercibida en su entorno. Los científicos llaman a esa adaptación *camuflaje*. El camuflaje es una manera que tienen los animales de esconderse a simple vista. Para los depredadores es difícil encontrar a los animales camuflados.

Sin embargo, el camuflaje puede funcionar de las dos maneras. Los depredadores también pueden usarlo para atrapar a una presa. Por ejemplo, un leopardo con manchas puede evitar ser visto escondiéndose en las sombras. Cuando ataca, ¡es tarde para la presa!

El mimetismo es otra adaptación para la supervivencia. Un animal se mimetiza cuando copia el aspecto o el sonido de otra cosa. Algunos animales inofensivos se mimetizan con animales peligrosos. ¿Para qué? Para que los depredadores prefieran evitarlos.

Vocabulario académico

evitar verbo que significa 'no acercarse a algo'

Por ejemplo, las mariposas búho tienen una gran mancha bajo cada ala. ¡Esa característica se asemeja a los ojos de un búho! Cuando los depredadores las ven, las manchas los ahuyentan. El aspecto de la mariposa los engaña: creen que es un búho. Pareciéndose a un depredador, las mariposas búho tienen más posibilidades de sobrevivir.

¡Pero el mimetismo también puede ayudar a los depredadores! La lengua de la tortuga caimán parece una lombriz. A los peces les gusta comer lombrices, ¡y a las tortugas caimán les gusta comer peces! Esas tortugas usan la lengua para pescar. ¡Buen provecho!

El camuflaje y el mimetismo son adaptaciones que ayudan a los animales a sobrevivir. La próxima vez que salgas, busca algún animal escondido a simple vista.

Vocabulario académico

característica
sustantivo que significa 'detalle o rasgo que muestra en qué se diferencia algo'

Comprensión

Supervisar la comprensión
Vuelve a leer este párrafo para entender el mimetismo.

Acceso al texto

Supervisar la comprensión Para asegurarte de haber entendido lo que leíste, puedes hacer preguntas y buscar las respuestas en el texto. Trabaja con un compañero. Haz una pregunta sobre una idea del texto y luego busquen la respuesta juntos.

Vocabulario académico La palabra *evitarlos* está formada por la palabra *evitar* y la terminación *-los*. Usa lo que sabes sobre la palabra *evitar* para determinar el significado de *evitarlos*.

Un safari de jardín

Vocabulario académico

prefiero verbo que significa que una cosa te gusta más que otras

Vocabulario académico

investigar verbo que significa 'observar algo con atención'

Yo vivo en la ciudad, así que no veo muchos animales. Cuando papá me lleva al parque, veo palomas. ¡Qué aburrido! A veces, ardillas. ¡Tampoco es gran cosa! Yo prefiero serpientes, conejos y hasta leones. Me encanta la naturaleza y me gusta estudiar distintos hábitats.

El fin de semana pasado fui a casa de mi tía María, en el campo. Cuando llegué, ella estaba preparando el desayuno. También tenía un sombrero muy raro. Le pregunté qué era.

—¡Mi sombrero de safari! —me dijo la tía María. Levantó otro más pequeño y me lo lanzó. Luego, me explicó que íbamos a ir a un safari de jardín.

—¡Genial! —dije yo.

Engullí el desayuno lo más rápido que pude y salimos con binoculares y una lupa.

Era hora de investigar. La tía María me guió en silencio hasta el jardín, donde los dos nos arrodillamos.

—Shhh —susurró de pronto la tía María—. ¿Oyes eso?

Sonaba como un martillo neumático en miniatura. Me dio los binoculares y me dijo que mirara en lo alto del árbol. El ruido venía de un pájaro carpintero que golpeaba el pico contra la corteza. Tat-tat. Tat-tat.

La tía María se puso a contarme sobre los animales e insectos que viven en su jardín. Me explicó que las orugas comen hojas, ¡y los pájaros comen orugas! Las plantas y los animales dependen los unos de los otros para vivir.

Después me contó que a los conejos les encanta esconderse a la sombra de los rosales. Así intentan evitar ser el sabroso almuerzo de un depredador. Nos tendimos en el pasto y esperamos.

Entonces vimos algo que se movía. ¡Era una bola de pelos con una nariz temblequeante!

—Un conejito bebé —susurré, aunque quería gritar. La tía María sonrió. ¿Quién hubiera dicho que se podía ver tanta fauna en un safari de jardín?

Comprensión

Evaluar los detalles Esta oración da detalles: Las orugas comen hojas y los pájaros comen orugas.

Acceso al texto

Evaluar los detalles ¿Qué te dicen los detalles del cuento sobre lo que sentía el narrador por estar en un safari de jardín?

Vocabulario académico La frase *hacer que algo no suceda* significa lo mismo que la palabra *evitar.* ¿Cómo te ayuda saber eso a entender la palabra *evitar* en el décimo párrafo?

Al rescate en la playa

Vocabulario académico

investigar verbo que significa 'observar algo con atención'

Imagina que estás caminando por una playa. Te detienes a investigar una concha marina interesante en la arena. De pronto, ves algo grande a lo lejos. Lucha y luego se queda quieta. Corres a ver. ¡Es una ballena! Un momento. ¡Las ballenas no toman sol en la playa!

Comprensión

Resumir información
Las ballenas pueden encallar en la playa cuando están enfermas, perdidas o cansadas.

Algunos animales, como las focas, suben a tierra firme. Pero las ballenas, los delfines y las marsopas, no, a menos que estén en problemas. A veces, un animal está enfermo. Otras veces, se pierde. Nadar en mares turbulentos puede agotar a los animales. Si se cansan mucho, pueden quedar confundidos. Y pueden atascarse cuando baja la marea.

En 2011, 82 ballenas quedaron varadas en una playa de Nueva Zelanda. Más de 100 voluntarios fueron al rescate. Trabajaron todo el fin de semana para devolver a los animales al agua. Salvaron a la mayoría de las ballenas. Por desgracia, 17 no sobrevivieron.

Vocabulario académico

evitarían verbo que significa 'impedirían que pasara algo'

Pocos días después, ¡65 ballenas volvieron a encallar! Esa vez, habló un experto en conservación. Prefería cuidar a las ballenas en el lugar en que se habían varado. Dijo que así evitarían que los animales sufrieran más estrés y dolor.

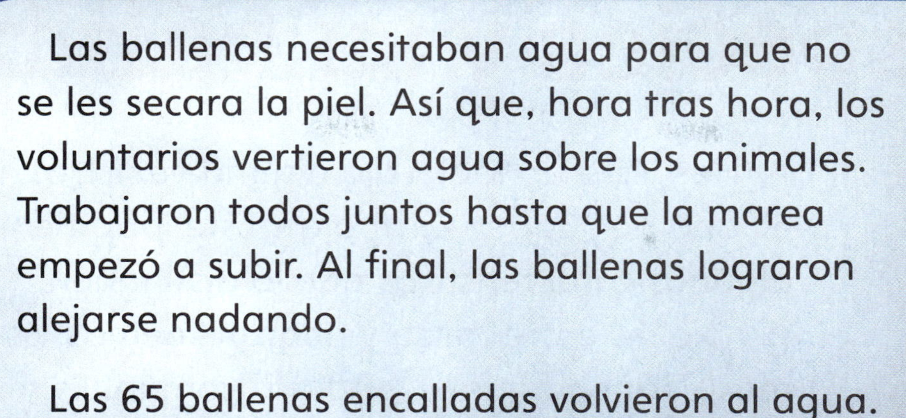

Las ballenas necesitaban agua para que no se les secara la piel. Así que, hora tras hora, los voluntarios vertieron agua sobre los animales. Trabajaron todos juntos hasta que la marea empezó a subir. Al final, las ballenas lograron alejarse nadando.

Las 65 ballenas encalladas volvieron al agua. ¡El plan dio resultado!

Acceso al texto

Resumir información Cuando resumes información, usas información que tienes y desarrollas una idea nueva. ¿Qué ideas nuevas tienes sobre los rescates de ballenas? Conversa con un compañero sobre la información del texto que te ayudó a desarrollar esa idea.

Vocabulario académico *Preferir* significa que una cosa parezca mejor que otras. Lee esta oración: El experto *prefería* una manera de ayudar a las ballenas. Con un compañero, elige el mejor sinónimo para reemplazar *prefería* en la oración: *sostenía*, *rechazaba*, *elegía*.

Las especies y su hábitat

Vocabulario académico

características sustantivo que significa 'detalles que distinguen a algo'

Vocabulario académico

investigar verbo que significa 'observar algo con atención'

¿Has visto un lobo rojo alguna vez? No, no el lobo de "Caperucita roja". Este lobo tiene algunas características que lo distinguen. ¡Su piel es entre rojiza y negra! Además, es más pequeño que el lobo gris común. Es muy poco probable que el lobo rojo se te acerque cuando vas de caminata. Los lobos rojos son muy activos de noche. ¿Oíste alguna vez el tenebroso aullido de un lobo de noche? —¡Ahuuuuu!

En la década de 1970, solo quedaban 14 lobos rojos puros en la naturaleza. Vagaban por toda la parte este de Estados Unidos. Algunos decidieron investigar. Descubrieron que gran parte del hábitat del lobo rojo había desaparecido. Las personas habían construido en tierras donde antes vivían los lobos. Así que los investigadores desarrollaron un plan de rescate. Ahora la cantidad de lobos rojos está en aumento otra vez.

A veces, hay que sacar a las plantas y a los animales de su hábitat para que sobrevivan. Luego, se los devuelve a su hábitat de a poco. Los científicos lo llaman *reintroducción*. Pero ¿cómo funciona? El equilibrio es importante. Los depredadores necesitan presas para comer. Sin depredadores, el equilibrio de la naturaleza se rompe.

La reintroducción del lobo rojo requería tiempo. Los investigadores sabían que los lobos tenían que seguir siendo salvajes. No podían asociarse demasiado con las personas. Tenían que ser capaces de cazar. Cada lobo llevaba un collar de seguimiento para que los investigadores pudieran seguirlo y estudiarlo. ¡La primera camada de cachorros nació un año después! Ahora, esos increíbles animales ayudan a mantener el equilibrio de muchas especies en su hábitat.

Los seres humanos debemos cuidar de la Tierra y de todas sus plantas y animales con sabiduría.

Comprensión

Analizar la estructura del texto El texto usa una estructura de problema y solución.

Acceso al texto

Analizar la estructura del texto Con un compañero, haz una tabla para enumerar los problemas y soluciones que menciona el texto. Busca los detalles del texto que te indiquen cómo organizó la información el autor.

Vocabulario académico Un significado de *asociarse* es 'conectarse o combinarse con otros'. Una palabra relacionada es el sustantivo *asociación*. Usando el significado de *asociarse*, ¿qué sería una *asociación*?

LAS PLANTAS Y LOS ANIMALES

se necesitan entre sí

Vocabulario académico

característica sustantivo que significa 'detalle específico y necesario'

Vocabulario académico

investigar verbo que significa 'observar algo con atención'

Piensa en un rompecabezas. Sabes que las piezas tienen que encajar a la perfección. ¿Qué pasaría si el perro masticara una pieza? Se perdería una característica del rompecabezas. La imagen nunca quedaría completa.

El medioambiente es parecido. Las plantas y los animales encajan como piezas de un rompecabezas. Se necesitan entre sí. ¿Cómo se necesitan? De demasiadas maneras como para investigarlas todas aquí. Pero veamos algunos ejemplos.

Piensa en lo que comes. Las plantas pueden ser alimento. Las personas y los animales necesitan de las plantas de esa manera. Algunas plantas también dan sombra. Protegen a los animales del calor del sol. Por supuesto, no podemos olvidar que las plantas nos ayudan a respirar. ¡Las plantas fabrican oxígeno! No podemos vivir sin oxígeno.

Ah, sí, y los seres humanos fabrican cosas nuevas a partir de las plantas. Usamos plantas para construir refugios. El papel, la soga, los medicamentos y el combustible provienen de las plantas.

¡Un momento! Los humanos también hacen ropa con plantas. Piensa en el algodón, por ejemplo.

Pero si los animales necesitan a las plantas, ¿necesitan las plantas a los animales? Quizá te preguntes si una planta necesita algo más que luz solar y agua. Imagina si todas las bellotas de un roble cayeran bajo sus ramas. No podrían crecer tantos robles en un solo lugar. Los animales dispersan las semillas como esas bellotas. Se comen algunas, pero entierran otras. Con el tiempo, ¡pueden crecer hasta convertirse en árboles nuevos!

Piensa en todas las plantas que comes que no podrían crecer sin sus ayudantes. Los pájaros, las abejas, las mariposas y hasta los murciélagos ayudan. Llevan polen a otras plantas. Eso permite que crezcan plantas nuevas. Los científicos creen que la mayor parte de lo que comemos es resultado de la ayuda de los animales. ¡Hasta las lombrices ayudan! Mueven el suelo para que las raíces de las plantas reciban más oxígeno.

Ya ves que los animales y las plantas son compañeros en la vida. Sin su ayuda mutua, ninguno viviría mucho tiempo.

Comprensión

Explicar el propósito de la autora
El propósito de la autora es informar que los seres vivos dependen los unos de los otros para sobrevivir.

Acceso al texto

Explicar el propósito de la autora Piensa por qué la autora compara a las plantas y los animales con un rompecabezas. Vuelve a leer los párrafos 3–6 con un compañero. Comenten si esos ejemplos dan información sobre el tema.

Vocabulario académico Las palabras *inspeccionar* y *estudiar* tienen un significado parecido al de *investigar*. ¿Cómo te ayuda esto a entender el significado de *investigar*? ¿Qué has investigado tú?

Héroes

Pregunta esencial

¿Cómo se forma un héroe?

PEARSON realize

Puedes hallar todas las lecciones EN LÍNEA

Leer e interactuar con el texto

Desarrollar la comprensión y el vocabulario. Hacer conexiones.

Un héroe para los animales

Pregunta de la semana ¿Qué cualidades tienen los héroes?

Comprensión Analizar el argumento y el ambiente

Vocabulario académico Palabras con significados similares

Los que ayudan son héroes

Pregunta de la semana ¿Cómo influyen en los demás las acciones de los héroes?

Comprensión Hacer conexiones

Vocabulario académico Las relaciones de significado

Un héroe en la familia

Pregunta de la semana ¿De qué modo los desafíos transforman a las personas comunes en héroes?

Comprensión Inferir el tema

Vocabulario académico Las raíces y los afijos

Una voladora heroica

Pregunta de la semana ¿Por qué necesitamos héroes?

Comprensión Analizar la estructura del texto

Vocabulario académico Palabras con significados similares

¡Los niños también pueden ser héroes!

Pregunta de la semana ¿Qué tipo de acciones pueden ser heroicas?

Comprensión Supervisar la comprensión

Vocabulario académico Palabras con significados similares

UN HÉROE PARA LOS ANIMALES

Comprensión

Analizar el ambiente
El ambiente de esta historia es Kenia, en el este de África.

Vocabulario académico

lograr verbo que significa 'llevar a cabo o conseguir'

Maji significa 'agua' en suajili. Suajili es un idioma que se habla en Kenia, en el este de África. En 2016 y 2017, era difícil conseguir *maji* en Kenia. Una sequía severa había secado la mayoría de los abrevaderos, los bebederos para animales, del Parque Nacional Tsavo. Monos, elefantes y cebras morían de sed. Patrick Mwalua quería hacer algo para ayudar a los animales salvajes. Pero ¿qué podía lograr un solo hombre?

Patrick decidió ayudar directamente a los animales. Alquiló un gran camión de agua. Pagó más dinero para ponerle gasolina. Luego, condujo unas 25 millas hasta el parque. Allí, vertió 3,000 galones de agua en un abrevadero.

Los animales huelen el agua desde lejos. Al principio, les daba miedo el camión. Pero también tenían mucha sed. Pronto la sed pudo más que el miedo. Patrick volvía después de varios días con más agua. Con el tiempo, ¡los animales ya sabían cuándo llegaría!

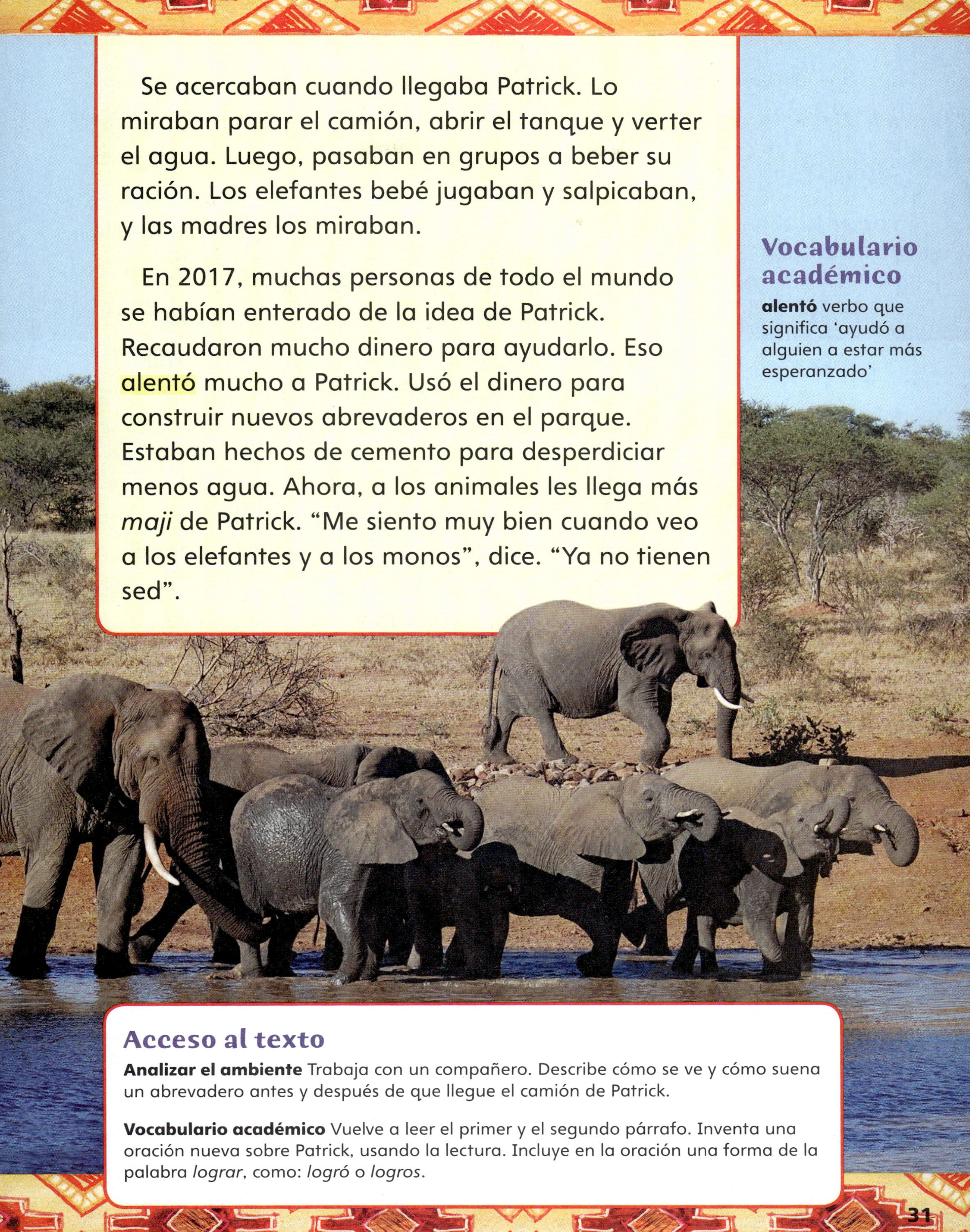

Se acercaban cuando llegaba Patrick. Lo miraban parar el camión, abrir el tanque y verter el agua. Luego, pasaban en grupos a beber su ración. Los elefantes bebé jugaban y salpicaban, y las madres los miraban.

En 2017, muchas personas de todo el mundo se habían enterado de la idea de Patrick. Recaudaron mucho dinero para ayudarlo. Eso alentó mucho a Patrick. Usó el dinero para construir nuevos abrevaderos en el parque. Estaban hechos de cemento para desperdiciar menos agua. Ahora, a los animales les llega más *maji* de Patrick. "Me siento muy bien cuando veo a los elefantes y a los monos", dice. "Ya no tienen sed".

Vocabulario académico

alentó verbo que significa 'ayudó a alguien a estar más esperanzado'

Acceso al texto

Analizar el ambiente Trabaja con un compañero. Describe cómo se ve y cómo suena un abrevadero antes y después de que llegue el camión de Patrick.

Vocabulario académico Vuelve a leer el primer y el segundo párrafo. Inventa una oración nueva sobre Patrick, usando la lectura. Incluye en la oración una forma de la palabra *lograr*, como: *logró* o *logros*.

Los que ayudan son héroes

Vocabulario académico

orden sustantivo que significa 'algo que se manda que haga alguien'

En 1854, Will era esclavo afroamericano en Carolina del Norte. Los esclavos estaban obligados a trabajar muchas horas para otro. Cuando se les daba una orden, tenían que obedecer. Si no, podían castigarlos. Will quería ser libre, pero eso parecía imposible.

Vocabulario académico

lograr verbo que significa 'llevar a cabo o alcanzar una meta'

Una noche, muy tarde, lo despertó un amigo. Quería que Will escapara con él a Canadá. La idea de libertad llenó a Will de alegría, pero ¿cómo podría lograrlo? Canadá estaba a cientos de millas. Los esclavos tenían muy poca comida y nada de dinero. Tampoco tenían mapas. ¿Dónde iban a esconderse en el camino? Muchas personas perseguían a los esclavos que escapaban. La respuesta a las preguntas de Will era el Ferrocarril Subterráneo.

Comprensión

Hacer conexiones
Lee este párrafo y piensa en el nombre "Ferrocarril Subterráneo". ¿En qué se parece a un ferrocarril?

El Ferrocarril Subterráneo no era un tren con vías y vagones. Era un grupo de personas que creía que la esclavitud estaba mal. Esos héroes arriesgaron su vida para ayudar a otros a escapar. Algunos llevaban a las personas esclavizadas a lugares seguros. Algunas familias convertían sus casas y graneros en escondites. Otros daban dinero, ropa y comida para ayudar.

El Ferrocarril Subterráneo ayudó a miles de personas a escapar. Su valentía permitió que algunas personas esclavizadas encontraran la libertad.

El camino a la libertad no era fácil. Muchos perdieron la vida. Sin embargo, los miembros del Ferrocarril Subterráneo no fueron derrotados. Fueron verdaderos héroes.

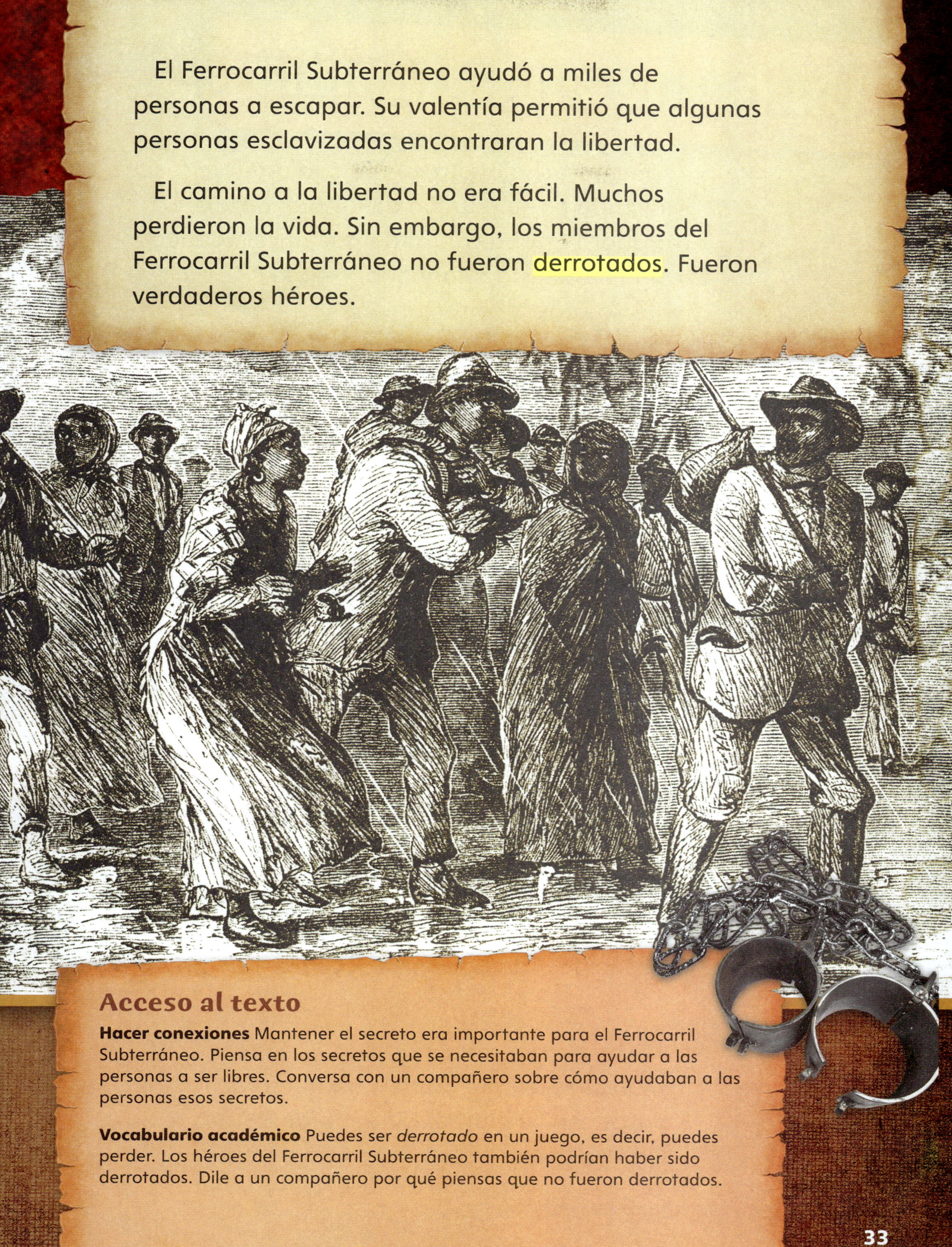

Acceso al texto

Hacer conexiones Mantener el secreto era importante para el Ferrocarril Subterráneo. Piensa en los secretos que se necesitaban para ayudar a las personas a ser libres. Conversa con un compañero sobre cómo ayudaban a las personas esos secretos.

Vocabulario académico Puedes ser *derrotado* en un juego, es decir, puedes perder. Los héroes del Ferrocarril Subterráneo también podrían haber sido derrotados. Dile a un compañero por qué piensas que no fueron derrotados.

Un héroe en la familia

Eric escuchó atentamente a la oradora invitada en su reunión de los *Cub Scouts*. La oradora estaba contando qué hacer cuando alguien se está ahogando. —Si se dan los pasos correctamente, pueden salvar una vida —les dijo a los niños.

Al final de la reunión, la oradora se puso muy seria. —Los aliento a practicar esos pasos en casa. Nunca se sabe cuándo podrían necesitarlos.

Más tarde, Eric vio un programa de televisión que enseñaba más primeros auxilios para evitar que alguien se ahogue. Aprendió a distinguir los signos de que alguien está en dificultades. Dos señales frecuentes son agarrarse el cuello y no poder hablar.

Eric siempre seguía el lema de los *Cub Scouts:* "¡Siempre listos!", así que practicó los pasos con su madre. Ninguno de los dos tenía idea de lo que ocurriría tiempo después.

Vocabulario académico

distinguir verbo que significa 'notar o darse cuenta de algo'

Un día, Jessie, la hermana menor de Eric, estaba comiendo un bocado. Tenía hambre, así que comía muy rápido. Su mamá la alentaba a ir más despacio. De repente, Jessie se agarró el cuello. Empezó a hacer unos ruidos chirriantes de ahogo. Un trozo de comida se le había atorado en la garganta. ¡Jessie no podía respirar!

La madre de Jessie le gritó a Eric que viniera pronto. Tomó el teléfono celular para llamar al 911. Pero Eric ya sabía qué hacer. Se arrodilló detrás de su hermana. La rodeó con los brazos e hizo un puño con una de las manos. Era exactamente lo que había practicado con su madre. Luego, empujó hacia adentro y hacia arriba con los dos brazos. ¡La zanahoria que había estado comiendo Jessie salió volando! Y Jessie respiraba otra vez.

¡Qué logro para un niño de diez años! Eric era un héroe.

Vocabulario académico

alentaba verbo que significa 'animaba o aconsejaba' a alguien para hacer algo

Comprensión

Inferir el tema
El tema de este cuento es que Eric pudo salvar a su hermana usando los primeros auxilios para ahogados que había aprendido.

Acceso al texto

Inferir el tema Vuelve a leer el texto y busca claves que te ayuden a inferir el tema del cuento. Con un compañero, haz una lista de detalles del cuento que apoyen esa inferencia.

Vocabulario académico En el último párrafo, la palabra *logro* viene del verbo *lograr*. *Lograr* significa 'alcanzar una meta o conseguir algo'. ¿Tú qué logros has tenido?

UNA VOLADORA HEROICA

Vocabulario académico

logró verbo que significa 'alcanzó un objetivo'

Amelia Mary Earhart logró muchas "primeras veces" en su vida. Fue la primera mujer en volar a 14,000 pies. Fue la primera mujer en cruzar el Océano Atlántico en avión. Fue la primera persona en volar sola de Hawái a California. Su vida inspiró a muchas niñas y mujeres a esforzarse mucho. Earhart nunca aceptó la derrota.

Primeros años

Earhart nació en 1897 en Kansas. De niña, le gustaba jugar como los varones. Trepaba árboles y hacía cosas que, en esa época, a las niñas les decían que no debían hacer, como ir de caza. También llevaba un cuaderno de recortes. Le encantaba leer sobre mujeres que lograban grandes cosas.

La primera vez que vio un avión fue en una feria del estado, cuando tenía diez años. No le interesó demasiado. Unos diez años después, Earhart vio a un aviador hacer acrobacias en el aire. El aviador voló bajo para asustarla, pero ella no se movió.

—Ese avioncito rojo me dijo algo al pasar —contó después.

Sus años de vuelo

Uno de los vuelos más famosos de Earhart fue de Canadá a París. Era la comandante de su avión y la única pasajera. Tuvo que atravesar fuertes vientos del norte. Se acumuló hielo en las alas. Distintas partes del avión fueron dejando de funcionar. Al final, tuvo que aterrizar en Irlanda.

—Asusté a muchas vacas del vecindario —bromeó.

No llegó hasta París. Pero se había distinguido. Y demostró que las mujeres y los hombres eran iguales en algunos trabajos.

Una última meta

A los 40 años, Earhart quiso volver a lograr algo por primera vez. Quería ser la primera mujer en dar la vuelta al mundo en avión. Por desgracia, su avión se perdió en el Océano Pacífico. Nunca lo encontraron.

Comprensión

Analizar la estructura del texto Leer los subtítulos para determinar la estructura del texto.

Vocabulario académico

distinguir verbo que significa separar

Acceso al texto

Analizar la estructura del texto Cuéntale a un compañero cómo está organizado este texto. ¿Compara dos cosas? ¿Está escrito en orden cronológico? ¿Describe algo? Usa los subtítulos como claves.

Vocabulario académico Busca la palabra *derrota* en el primer párrafo. Puede significar 'lo que se pierde frente a un rival' o 'fracaso'. ¿Qué definición encaja mejor en la oración?

¡Los niños también pueden ser héroes!

—¡Abuela, llegué! —Daniel cerró la puerta de un golpe tras de sí. Tiró la mochila sobre el sillón y fue directo a la cocina.

—¿Abuela? —llamó Daniel, sorprendido de que no estuviera empezando a preparar la cena. "Quizá esté ocupada con algo arriba", pensó. Tomó una manzana y abrió la mochila para hacer la tarea. Pero había demasiado silencio en la casa. Lo ponía nervioso. "¿Dónde estará?"

Daniel sabía que algo no andaba bien. Subió las escaleras corriendo y golpeó suavemente la puerta de la abuela. ¡Nada! La abrió de un empujón.

¡La abuela estaba tendida en el suelo! Daniel gritó con pánico en la voz. Corrió a su lado para ver qué tenía.

Apenas unas semanas antes, una paramédica había visitado la clase de salud en la escuela de Daniel. Había hablado de qué hacer en caso de emergencia. Daniel se puso en acción de inmediato: la sacudió con delicadeza y le habló. Como no respondía, corrió al teléfono y llamó al 911.

Contestó una mujer, y Daniel le explicó lo que pasaba. Ella lo tranquilizó y lo alentó a esperar sin colgar.

Comprensión

Supervisar la comprensión Daniel está sorprendido y nervioso. Su abuela todavía no empezó a preparar la cena y hay demasiado silencio en la casa.

—Los paramédicos están en camino —le dijo—. Escucha con atención, por favor. Voy a darte algunas órdenes.

Primero, le dijo a Daniel que mirara si su abuela respiraba. Daniel dijo que no podía estar seguro, pero que tenía buen color. Luego, la mujer le dijo que quizá tuviera que hacer RCP.

—Yo te diré qué hacer paso a paso, así que no te preocupes —le dijo, tranquilizándolo.

Por final llegaron los paramédicos. Enseguida hicieron pruebas para distinguir cómo estaba la abuela de Daniel. Cuando despertó, le hicieron preguntas. Las respuestas los alentaron. Era buena señal que pudiera hablar.

—Tu abuela está bien, pero queremos llevarla al hospital para estar seguros—. Uno de los paramédicos llevó a Daniel a un costado y le dijo:

—Tiene mucha suerte de tenerte. Eres un héroe.

Daniel se sentía aún más afortunado de que la abuela fuera a ponerse bien. Nunca se había sentido tan orgulloso, pero no se sentía como un héroe. Solo había hecho lo que tenía que hacer.

Vocabulario académico

órdenes sustantivo que significa 'indicaciones de un experto o una autoridad'

Vocabulario académico

alentaron verbo que significa 'llenaron de esperanza'

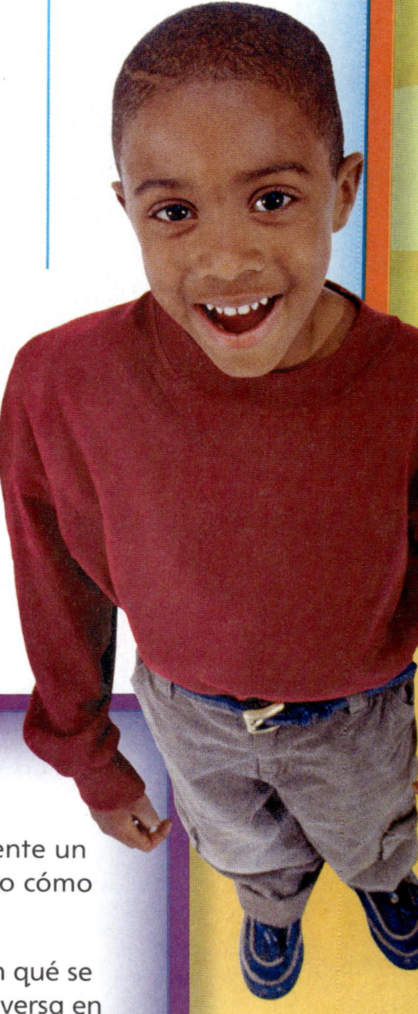

Acceso al texto

Supervisar la comprensión Los lectores prestan atención a cómo se siente un personaje en distintas partes de un cuento. Comenta con un compañero cómo cambian los sentimientos de Daniel y cómo lo sabes.

Vocabulario académico Una *orden* es algo que manda hacer alguien. ¿En qué se diferencia una orden de un pedido, una instrucción o una sugerencia? Conversa en grupo sobre momentos en los que es necesario dar una orden.

UNIDAD 4

Acontecimientos

Pregunta esencial

¿Cómo cambian las comunidades a través del tiempo?

Leer e interactuar con el texto

Desarrollar la comprensión y el vocabulario. Hacer conexiones.

Sorpresa en el centro comercial

Pregunta de la semana ¿Cómo puede una persona mejorar una comunidad?

Comprensión Analizar la estructura del texto

Vocabulario académico Las claves del contexto

Una primera dama sigue adelante

Pregunta de la semana ¿Cómo pueden las historias personales cambiar la sociedad?

Comprensión Hacer inferencias

Vocabulario académico Las raíces y los afijos

Vacaciones de primavera en casa

Pregunta de la semana ¿De qué modo las grandes ideas transforman las comunidades?

Comprensión Explicar el propósito del autor

Vocabulario académico Las claves del contexto

Inténtalo una y otra vez

Pregunta de la semana ¿Cómo pueden inspirar un cambio las experiencias de un líder?

Comprensión Hacer conexiones

Vocabulario académico Palabras con significados similares

Música con basura

Pregunta de la semana ¿Cómo se apoyan las personas en momentos difíciles?

Comprensión Supervisar comprensión

Vocabulario académico Las clases de palabras

¡Sorpresa en el centro comercial!

Vocabulario académico
consumidores sustantivo que significa 'personas que compran cosas'

Vocabulario académico
familiar adjetivo que significa 'conocido, visto muchas veces'

Tú y tu familia están en un centro comercial. Es sábado por la tarde. Los rodea una multitud de otros consumidores, comprando cosas. Las personas llevan bolsas de compras y miran vidrieras. Es una escena familiar en todo Estados Unidos. De pronto, oyes música en vivo. Todos van hacia la mitad del centro comercial. ¿Qué pasa?

¡Flash mob!

¿Sabes qué son los *flash mobs?* Un grupo de personas con un plan secreto. Al principio, pueden parecer consumidores corrientes. Pero tienen una sorpresa planeada: una actuación grupal en alguna parte del centro comercial. Fijaron una hora y un lugar donde encontrarse. Cuando llega el momento, se juntan todos, uno por uno. Pueden bailar, cantar o representar una obra. Actúan para los que estén cerca. Al final de la actuación, ¡hacen como si nada hubiera pasado!

Los secretos son divertidos

¿Qué tienen de divertido los *flash mobs?* Un grupo sabe el secreto, y otro grupo, no. Los dos grupos están por casualidad en el mismo momento, en el mismo lugar.

Los *flash mobs* son un tipo de arte escénico. Muchos fueron un éxito en Internet. Millones de personas pueden ver un video hecho por un *flash mob*.

Una idea nueva

A Bill Wasik se le ocurrió el *flash mob* en 2003. Quería ver qué pasaría. Compartió su idea por correo electrónico. En junio de 2003, doscientas personas aparecieron en una tienda. Todos les pedían a los vendedores que los ayudaran a encontrar algo. Diez minutos después, se fueron todos. La noticia se contó por los medios.

La generación del teléfono celular

Hoy, los *flash mobs* les resultan familiares a muchas más personas. La **generación** de personas que crecieron con teléfonos celulares disfruta de ellos. Busca un video de un *flash mob* en Internet. ¡Míralles la cara a los que no saben el secreto!

Comprensión

Analizar la estructura del texto
Los subtítulos son una clave de la estructura del texto.

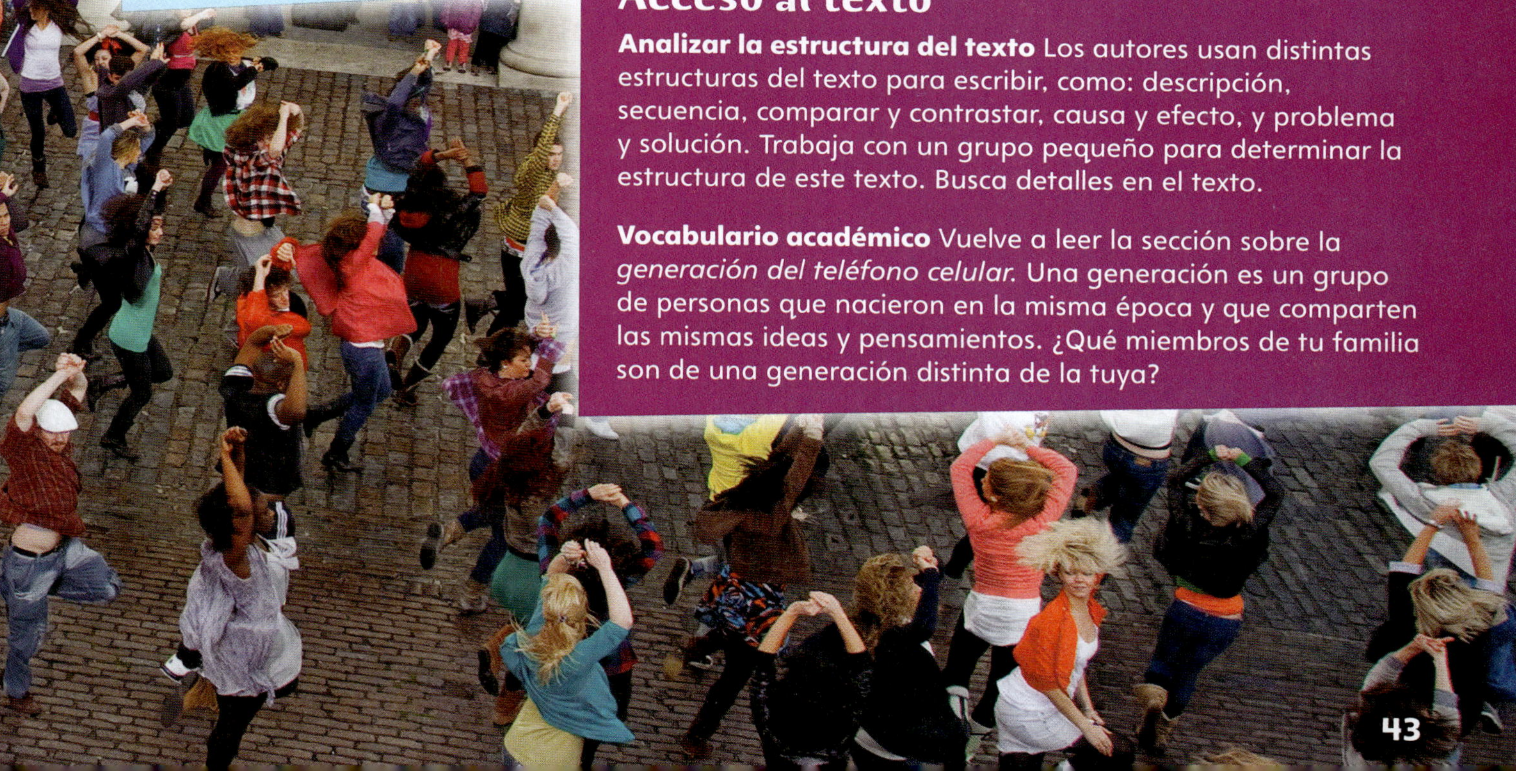

Acceso al texto

Analizar la estructura del texto Los autores usan distintas estructuras del texto para escribir, como: descripción, secuencia, comparar y contrastar, causa y efecto, y problema y solución. Trabaja con un grupo pequeño para determinar la estructura de este texto. Busca detalles en el texto.

Vocabulario académico Vuelve a leer la sección sobre la *generación del teléfono celular*. Una generación es un grupo de personas que nacieron en la misma época y que comparten las mismas ideas y pensamientos. ¿Qué miembros de tu familia son de una generación distinta de la tuya?

Una primera dama sigue adelante

—Muy bien, ¡todo el mundo a MOVERSE! La mujer que está al frente se pone a bailar, y los niños la aclaman. Ella sonríe y todos se le unen. Pero no es una mujer cualquiera. Es Michelle Obama, la primera afroamericana en ser primera dama en los Estados Unidos.

Michelle, cuyo apellido de soltera era Robinson, nació en Chicago, Illinois, en 1964. La generación de sus padres creció en tiempos difíciles. No había mucho trabajo en la ciudad. Su padre trabajaba para el Departamento de Agua de Chicago. Su madre se quedaba en casa con sus dos hijos. Todos trabajaban duro en la familia, pero también se divertían.

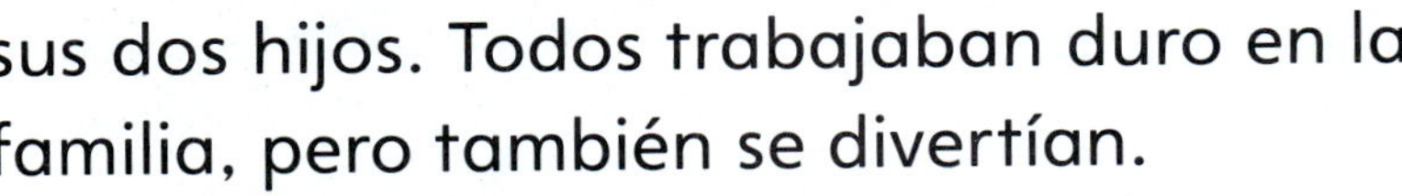

Michelle siempre fue excelente estudiante. Ella y su hermano se saltaron el segundo grado. A partir de sexto, ella tomó clases para estudiantes destacados. Las niñas de su generación empezaban a alzar la voz. Los mejores trabajos seguían siendo para hombres, no para mujeres. ¡Michelle Robinson no imaginaba cuál sería su trabajo en el futuro!

Vocabulario académico

generación
sustantivo que significa 'grupos de personas aproximadamente de la misma edad'

Comprensión

Hacer inferencias
La inferencia en este párrafo es que Michelle era inteligente y capaz de expresar sus ideas. Esas destrezas le serían útiles en su trabajo como primera dama.

Michelle se recibió de abogada en 1988. Conoció a Barack Obama en el estudio de abogados donde trabajaba y se casaron en 1992. Él fue elegido senador en 2005. Muchos pensaban que podía hacer más. ¿Podría ser el primer presidente afroamericano?

Ser elegido presidente da mucho trabajo. La mayoría de los estadounidenses no estaban familiarizados con Obama. Así que viajó por todo el país. Dio discursos y se presentó a la gente. En 2008, se convirtió en el 44to presidente de los Estados Unidos. Michelle lo ayudó a obtener los votos que necesitaba. Pero su primer trabajo fue siempre cuidar de su familia.

Michelle Obama ama a los niños y trabaja arduamente para ayudarlos. Quiere que las niñas puedan seguir sus sueños. En su último discurso como primera dama, les dio algunos consejos a todos los niños: "Elijan personas que los eleven. Busquen personas que los hagan mejores".

Vocabulario académico

consejos sustantivo que significa 'sugerencias sobre lo que alguien puede hacer con una situación'

Acceso al texto

Hacer inferencias ¿Qué puedes inferir sobre por qué Michelle Obama es un buen ejemplo para todos los niños? Busca detalles e información en el texto que te ayuden a hacer esa inferencia.

Vocabulario académico Busca la palabra *familiarizados* en el quinto párrafo. Si *familiar* significa 'conocido', ¿qué significa *familiarizado?*

Vacaciones de primavera en casa

Por fin había terminado el invierno. Los estudiantes de mi clase hablaban de sus viajes de vacaciones de primavera. Parecía que todos se iban a alguna parte. Yo iba a quedarme en casa, pero tenía planes. Algunos de mis compañeros y yo estábamos muy entusiasmados con otro tipo de vacaciones de primavera. Íbamos a pasar la semana retribuyendo. Íbamos a beneficiar a la comunidad.

Vocabulario académico

beneficiar verbo que significa 'mejorar algo'

El primer día, visitamos un hogar de ancianos. Pasé como una hora hablando con la señorita Rose, que tenía 93 años. Me contó historias increíbles de su vida. Me mostró cómo hacer hermosas flores de papel. También me dio un buen consejo.

Vocabulario académico

consejo sustantivo que significa 'sugerencia sobre lo que puede hacer alguien en una situación'

—Hay muchas maneras de ayudar a la comunidad —dijo—. Intenta hacer algo positivo todos los días, si puedes.

Al día siguiente, trabajamos por la ciudad. Levantamos basura de la calle principal. Pintamos un mural para que las personas ya no pintaran la pared con aerosol. Esperábamos que nuestro arte les gustara demasiado para taparlo.

Desempacamos cajas y bolsas de comida en el banco de alimentos. Cada noche llegaba a casa exhausta. Pero siempre me sentía bien por dentro. El viernes era el último día. Íbamos a ir al palacio de justicia. Creímos que era nuestro proyecto final. Entonces vimos a nuestros parientes, amigos, ¡y hasta a la señorita Rose! Sabíamos que algo pasaba.

El alcalde se puso de pie y empezó a hablar.

—Buenas tardes —dijo—. Gracias a todos por venir. Estamos aquí para honrar a un grupo de estudiantes generosos. Algunos seguramente les resulten familiares. Estas niñas y niños no se fueron de viaje en sus vacaciones de primavera. Las pasaron aquí mismo, en su hogar. Y nuestra ciudad ya se está beneficiando de su trabajo arduo.

Todos nos aclamaron. Un periodista nos sacó una foto para el periódico. La señorita Rose le dio una flor de papel a cada estudiante. ¡Fue una manera genial de terminar las vacaciones de primavera!

Comprensión

Explicar el propósito del autor
El propósito del autor es informar.

Acceso al texto

Explicar el propósito del autor Repasa las razones por las que crees que el autor escribió este cuento. Luego, vuelve a leer lo que pasa al final. ¿Por qué crees que el autor terminó el cuento con una ceremonia especial para los estudiantes?

Vocabulario académico El alcalde del pueblo les dice a los parientes y amigos que seguramente algunos de los estudiantes les resulten *familiares*. ¿Cómo te ayudan las claves del contexto a entender el significado de la palabra?

Inténtalo una y otra vez

Sonia Sotomayor

¿Qué tienen en común Sonia Sotomayor y Walt Disney? ¿Y Dr. Seuss y Thomas Edison? Quizá esos nombres te resulten familiares. Todos ellos son personas famosas y exitosas. ¡Pero no fueron así desde el principio!

Sonia Sotomayor tuvo que superar muchos desafíos. De niña era pobre, y perdió a su padre cuando era pequeña. En su casa solo se hablaba español. Pero estudió mucho y se recibió de abogada. Hoy, es jueza de la Corte Suprema de los Estados Unidos. Es la tercera mujer que llega a ese puesto.

A Walt Disney lo despidieron de su trabajo en el periódico. ¡Su jefe le dijo que no tenía imaginación! Hoy, el nombre Disney está en parques de atracciones de todo el mundo. Consumidores de todas partes compran las películas, juegos y libros de Disney.

Walt Disney

Vocabulario académico

consumidores
sustantivo que significa 'personas que compran cosas'

Tal vez no estés familiarizado con el nombre Theodor Geisel. Pero quizá conozcas el nombre que usaba para escribir libros: ¡Dr. Seuss! Su primer libro fue rechazado por 27 editoriales. Muchos le aconsejaban que se buscara otro trabajo. Al final, una empresa publicó su libro. Terminó escribiendo más de 40 libros para niños.

Theodore Geisel

Thomas Edison inventó muchas cosas para beneficiar a las personas. Su primer invento fue una bombilla eléctrica. Le llevó muchos intentos encontrar la mejor manera de hacerla. Pero nunca se sintió un fracaso. Decía: “No fracasé. Solo encontré 10,000 caminos que no funcionan”. Cada vez que algo *no* funcionaba, se acercaba más a descubrir lo que *sí* funcionaba.

Estas personas podrían haberse rendido. Pero no se rindieron. Siguieron intentando y alcanzaron el éxito. La próxima vez que te topes con un problema, sigue este consejo. No dejes de probar distintas ideas. ¡Cada una podría acercarte a tu meta!

Comprensión

Hacer conexiones
Una manera de hacer una conexión con este párrafo es pensar en los libros que hayas leído del Dr. Seuss.

Vocabulario académico

beneficiar verbo que significa ‘ser de ayuda’

Thomas Edison

Acceso al texto

Hacer conexiones Con un grupo pequeño, haz una lista de las cuatro personas de las que habla el texto. Busca detalles que muestren en qué se parece y en qué se diferencia la vida de los cuatro. Comenta las conexiones entre sus experiencias.

Vocabulario académico Vuelve a leer el cuarto párrafo. Las palabras *aconsejaban* y *consejo* están relacionadas. ¿Por qué muchos le *aconsejaban* a Geisel que se buscara otro trabajo? ¿Él siguió su *consejo*?

Música con basura

Comprensión
Supervisar la comprensión
Vuelve a leer este párrafo para entender por qué las personas de Paraguay van al basural.

Paraguay es un país de América del Sur. La mayor parte de sus habitantes son muy pobres. Imagina un basural en las afueras de la capital. Cada día, se tiran allí 1,500 toneladas de basura. Cuando los camiones se van, enseguida llegan muchas personas con rastrillos y palas. Usan máscaras por el olor espantoso. Son personas que viven en un vecindario pobre junto al basural. Buscan cosas para vender que otros hayan desechado.

Favio Chávez trabajaba en el basural. En 2006, se le ocurrió una idea. ¿Por qué no reciclar algunos de esos objetos y hacer música con ellos? Pensó que un viejo tambor de petróleo podía servir para hacer un violonchelo. Tal vez con algunas latas, tenedores y cucharas de madera pudiera hacer un violín.

Chavez le pidió ayuda a un carpintero del lugar llamado Nicolás Gómez. Gómez empezó a fabricar instrumentos musicales con basura. ¡Tuvo que ponerse muy creativo! Fue cambiando cada uno hasta que producía un buen sonido. Pero ahora ¿quién iba a tocar los instrumentos?

Todos los días, Chávez miraba a los niños en el basural. Sabía que toda esa generación se estaba perdiendo la escuela. Tenían que ayudar a sus padres a buscar en las pilas de basura. Las familias podían vender algunos de los objetos para obtener dinero con el que poder comprar comida. Chávez quería enseñarles música a algunos de esos niños y niñas.

Vocabulario académico

generación sustantivo que significa 'grupo de personas que nacieron en la misma época'

Lo que pasó después fue un milagro. A muchos niños los entusiasmaba tomar clases con Chávez. Algunos eran muy talentosos. Así que organizó una pequeña orquesta. Todos los instrumentos se hacían con objetos reciclados del basural.

La idea de Chávez tenía muchos beneficios. Los niños escapaban de la basura por un rato. Aprendían a leer y tocar música. Aprendían a trabajar en grupo. Y lo mejor es que hacían algo hermoso: ¡Música!

Vocabulario académico

beneficios sustantivo que significa 'efectos positivos'

Acceso al texto

Supervisar la comprensión Pregúntate por qué la idea de Chávez tenía beneficios. Busca detalles en la historia que respondan la pregunta.

Vocabulario académico ¿De qué manera Chávez y Gómez beneficiaron a una *generación*? Trabaja con un compañero para responder la pregunta. Luego, comenten maneras en que ustedes hayan beneficiado a su generación.

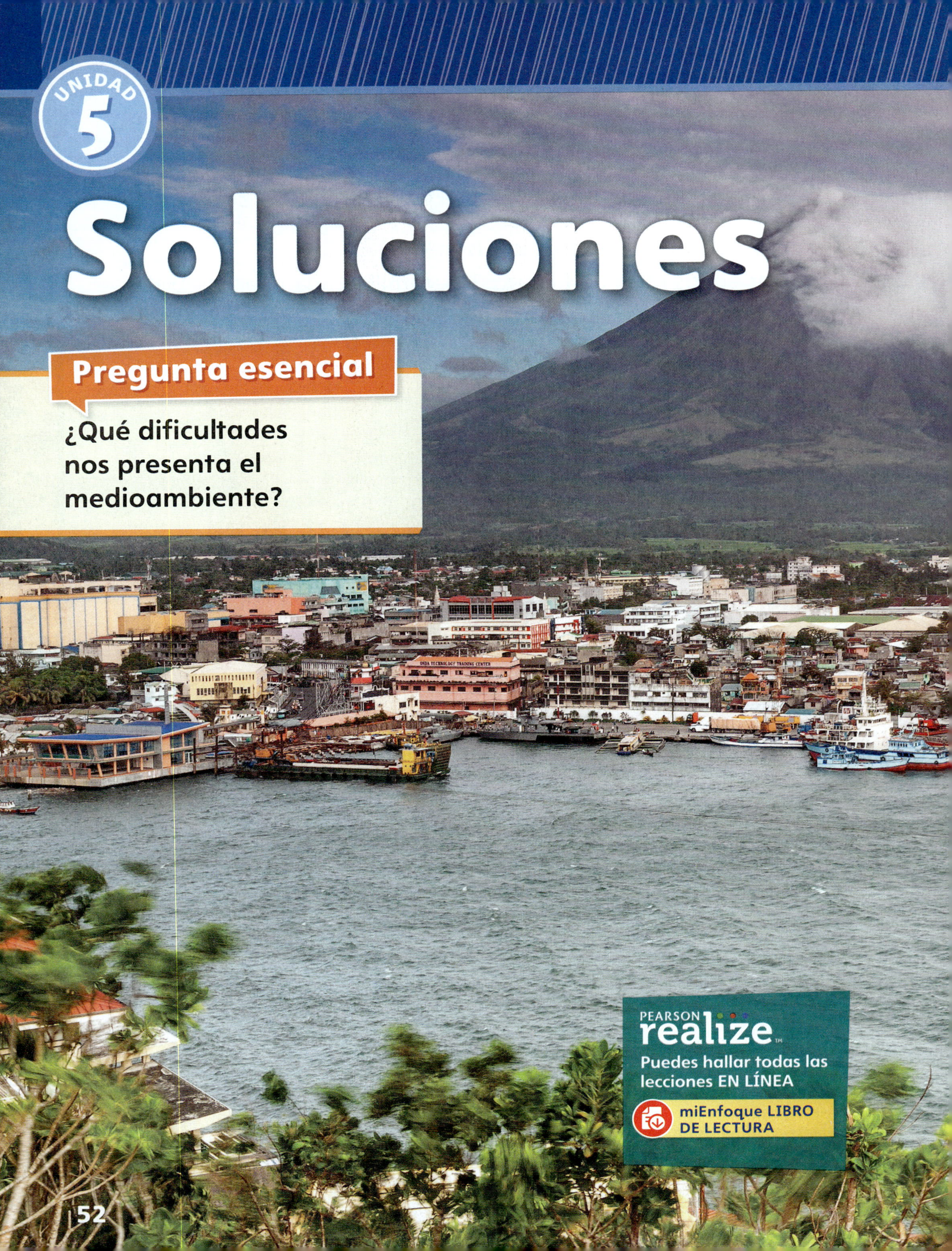
UNIDAD
5
Soluciones
Pregunta esencial
¿Qué dificultades nos presenta el medioambiente?
PEARSON realize
Puedes hallar todas las lecciones EN LÍNEA
miEnfoque LIBRO DE LECTURA

Leer e interactuar con el texto

Desarrollar la comprensión y el vocabulario. Hacer conexiones.

El efecto naturaleza

Pregunta de la semana ¿Cómo puede la naturaleza cambiar la vida de las personas?

Comprensión Confirmar o corregir predicciones

Vocabulario académico Los sinónimos

La Tierra y nuestro medioambiente

Pregunta de la semana ¿Cómo afectan el medioambiente los cambios en la Tierra?

Comprensión Resumir la información

Vocabulario académico Las clases de palabras

Prepárate para lo que sea

Pregunta de la semana ¿Qué maneras de prepararse para una emergencia conoces?

Comprensión Supervisar la comprensión

Vocabulario académico Palabras con significados similares

¿Cómo ayudar durante un desastre?

Pregunta de la semana ¿Cómo deben reaccionar las personas durante un desastre?

Comprensión Hacer conexiones

Vocabulario académico Las claves del contexto

A la caza de un plan de supervivencia

Pregunta de la semana ¿Qué podemos aprender de las historias que hablan sobre la naturaleza?

Comprensión Inferir el tema

Vocabulario académico Los sinónimos

El efecto naturaleza

A mediados del siglo XIX, Ralph Waldo Emerson condujo un movimiento para conectar a las personas con la naturaleza. Empezó cuando publicó un libro llamado *Naturaleza* en 1836. Algunas personas hicieron un análisis minucioso del libro. Examinaron atentamente lo que había escrito para entenderlo mejor. Luego, decidieron unirse al movimiento.

Vocabulario académico

análisis sustantivo que significa 'estudio minucioso'

Thoreau conoce a Emerson

Emerson tenía muchos seguidores. Muchos de ellos eran escritores. Uno de ellos era un hombre llamado Henry David Thoreau. Era maestro. También trabajaba para su padre en la fábrica de lápices de la familia. Incluso ayudó a Emerson con distintas tareas en su casa.

Comprensión

Confirmar o corregir predicciones
Predice cómo la naturaleza afectará la escritura de Thoreau.

Las ideas de Emerson tuvieron un profundo efecto en Thoreau. Thoreau empezó a escribir. Escribía poemas y ensayos. Pero la fábrica de lápices le daba mucho trabajo. Thoreau quería estar más cerca de la naturaleza y escribir. Así que se fue a vivir a una cabaña junto al lago Walden, en Concord, Massachussetts. Vivió allí durante más de dos años.

La vida en el lago Walden

Mientras vivió en la cabaña, Thoreau escribió seis días por semana. Un día por semana, se iba a trabajar, y escribió dos libros. Uno se llamó *Walden*. Se publicó en 1854. En *Walden*, Thoreau escribió que las personas deberían viajar con calma para disfrutar de la naturaleza durante el viaje.

Thoreau amaba la naturaleza. También amaba la libertad. Estaba en contra de la esclavitud. Le parecía que era una amenaza para la sociedad. Ayudó a muchos esclavos que habían huido. Quería ayudarlos a encontrar la libertad.

La naturaleza era muy importante para Ralph Waldo Emerson y para Henry David Thoreau. Sus ideas lograron que muchas personas prestaran atención a la naturaleza. Hoy, muchos siguen leyendo y analizando los libros de ambos autores.

Vocabulario académico

amenaza sustantivo que 'significa algo peligroso o malo'

Acceso al texto

Confirmar o corregir predicciones Vuelve a leer el texto. Comparte tu predicción con un compañero. Luego, busca detalles en el texto que la confirmen. Si necesitas corregir tu predicción, coméntala.

Vocabulario académico Algunos sinónimos de *amenaza* son *peligro*, *riesgo* y *advertencia*. ¿Qué sinónimo de *amenaza* usarías para reemplazar la palabra en la oración del quinto párrafo?

LA TIERRA Y NUESTRO MEDIOAMBIENTE

Comprensión

Resumir la información
Los dos primeros párrafos explican que el medioambiente de la Tierra ha cambiado y que los seres vivos necesitan del medioambiente para sobrevivir.

¿Sabías que la Tierra existe hace unos 4,540 millones de años? Eso es mucho tiempo. Pero muchas cosas han cambiado a lo largo de esos años. La Tierra está muy distinta. Eso es porque los cambios pueden afectar el medioambiente de la Tierra.

El medioambiente de la Tierra es un lugar especial. Tiene tierra, agua, aire y luz solar. Los seres vivos como las plantas y animales necesitan del medioambiente. Sin él, no podrían sobrevivir. Las personas tampoco podrían sobrevivir sin el medioambiente.

Vocabulario académico

amenaza sustantivo que significa 'algo o alguien que puede causar daño'

Puedes hacer mucho por ayudar al medioambiente de la Tierra a mantenerse saludable. Puedes asegurarte de no ser una amenaza. Para mantener sano y fuerte el medioambiente, consérvalo limpio. No arrojes basura en el suelo. No desperdicies agua cuando te cepillas los dientes. Ayuda a plantar árboles en tu comunidad.

Vocabulario académico

contaminación sustantivo que significa 'estado de suciedad o inseguridad del medioambiente'

Las personas provocaron contaminación en la Tierra. La contaminación ensucia el aire y el agua. Cuando los animales beben agua contaminada, pueden enfermarse. Cuando la lluvia que cae del cielo está contaminada, puede matar a las plantas. El aire que respiramos puede enfermarnos si no está limpio.

Las plantas y los árboles mantienen el aire limpio. Los necesitamos para sobrevivir.

Otra manera de ayudar es usar otras fuentes de energía. Hay de muchos tipos. El petróleo, el carbón y el gas natural son fuentes de energía, pero un día se agotarán. También pueden contaminar el medioambiente. Otras fuentes de energía, más limpias, son la energía eólica y la energía solar. La energía eólica viene del viento. La energía solar viene del Sol. No contaminan el medioambiente ¡y no se agotan!

Así que, la próxima vez que mires a tu alrededor, piensa en lo que puedes hacer. Piensa qué puedes decir a los demás para ayudar al medioambiente. Haz correr la voz para que todos ayuden a mantener el medioambiente limpio. Así, la Tierra seguirá existiendo durante mucho tiempo. Se beneficiarán los animales y las plantas, ¡y tú también!

Acceso al texto

Resumir la información Cuando resumes información, reúnes información del texto para entender algo nuevo. Comenta con un grupo pequeño la información que puedes usar para resumir ideas sobre el medioambiente de la Tierra y las actividades humanas.

Vocabulario académico Vuelve a leer el texto. ¿Qué otras formas de la palabra *contaminación* encuentras en el cuarto y quinto párrafo? ¿Se usan como sustantivo o verbo?

Prepárate para lo que sea

¿Estás preparado para una emergencia? Nunca se sabe cuándo puede ocurrir una. En la escuela, te preparas para ellas. Hay simulacros de incendio, de tornado y de huracán. Pero ¿practicas esa preparación en tu casa?

Una de las cosas principales que hay que hacer es armar un equipo de emergencia. Ese equipo debe estar en un lugar seguro de la casa. ¡No olvides dónde lo pones!

El equipo de emergencia tiene los elementos que necesitas para sobrevivir. Te ayuda si no hay electricidad o agua. Puede cubrir tus necesidades durante tres días. Cuando ocurre un desastre, suele haber muchos daños. La ayuda de afuera puede tardar en llegar.

El agua es un elemento fundamental para tu equipo. Ten un galón de agua por día por cada miembro de la familia. El agua tiene que durar por lo menos tres días. De modo que necesitas tres galones de agua ¡solo para ti! También tienes que tener comida para tres días. Usa comida que no se eche a perder. Empaca

Vocabulario académico

daños sustantivo que significa 'pérdidas, males o deterioros'

Comprensión

Supervisar la comprensión
Vuelve a leer este párrafo para entender cuánta comida y agua debe tener el equipo de emergencia.

barras de cereal, frutas desecadas y manteca de maní.

Es bueno tener una radio que pueda funcionar con pilas. Si no hay electricidad, necesitas una radio con pilas. Asegúrate también de tener pilas de repuesto. Además, es importante tener linternas, un silbato para pedir ayuda, y un equipo de primeros auxilios.

Recuerda revisar tus elementos cada seis meses. Haz un análisis de tu equipo para asegurarte de tener comida y agua en buen estado.

No olvides mantener la calma durante una emergencia. ¡Saber que tienes todo planeado te hará sentir mejor!

Vocabulario académico

análisis sustantivo que significa 'estudio o repaso atento de algo'

Acceso al texto

Supervisar la comprensión Vuelve a leer el quinto párrafo. El texto dice: "Asegúrate también de tener pilas de repuesto". Comenta el detalle del texto que explica por qué es necesario tener pilas de repuesto.

Vocabulario académico La palabra *prever* significa 'esperar o planear algo'. Vuelve a leer el texto. Busca una oración en la que podrías reemplazar una palabra por *previsto*. Asegúrate de que tenga sentido en la oración y no cambie el significado.

Cómo ayudar durante un desastre

Vocabulario académico

daño sustantivo que significa 'pérdida, mal o deterioro'

Vocabulario académico

contaminación sustantivo que significa 'conjunto de desechos peligrosos'

¿Alguna vez estuviste en un huracán, o conoces a alguien que lo haya experimentado? Los huracanes pueden provocar mucho daño. Son tormentas muy fuertes con vientos arremolinados y mucha lluvia. Pueden derribar edificios y postes de electricidad. Las calles y las viviendas pueden inundarse. ¿Qué pasa cuando hay un huracán?

A menudo, los huracanes hacen que se corte la electricidad. Sin electricidad, la vida de las personas se dificulta. No hay luz. Quizá no puedan cocinar ni trabajar. Los huracanes también causan contaminación. Sus fuertes vientos pueden romper tuberías de gas y petróleo. El gas o el petróleo que se filtra puede contaminar el agua potable. Si las personas beben el agua sucia, pueden enfermarse. El agua contaminada también puede hacer mal a las plantas y los animales.

Los huracanes pueden causar daño a las cosas de las personas. Pueden arruinar la comida o la ropa. Pueden aplastar autos y viviendas. Algunas personas se quedan sin nada después de un huracán.

El desastre no termina cuando pasa el huracán. Entonces, ¿qué puedes hacer para ayudar durante un desastre? Puedes donar dinero para ayudar a las personas. También puedes donar comida y ropa. Hasta puedes donar muñecos de peluche y otros juguetes.

Otra manera de ayudar es ofrecerse como voluntario en un refugio. Los refugios son para las personas que no tienen un lugar seguro donde estar. Muchas personas se alojan en refugios cuando hay un huracán. Después del huracán, las personas que perdieron su vivienda pueden quedarse allí. A menudo se les da comida y ropa gratis.

Algunas comunidades juntan comida en lata cuando ocurre un desastre. Luego, le dan la comida a un grupo que la reparte a las personas que la necesitan. A veces, también se recauda dinero para ayudar después de un desastre. Se puede recaudar dinero lavando autos o vendiendo pasteles o pulseras.

La próxima vez que ocurra un desastre, puedes estar listo para ayudar. Quién sabe, quizá alguien te ayude a ti algún día.

Comprensión

Hacer conexiones Piensa de qué manera el lavar autos o vender pasteles u otros productos puede ayudar a las personas durante un desastre.

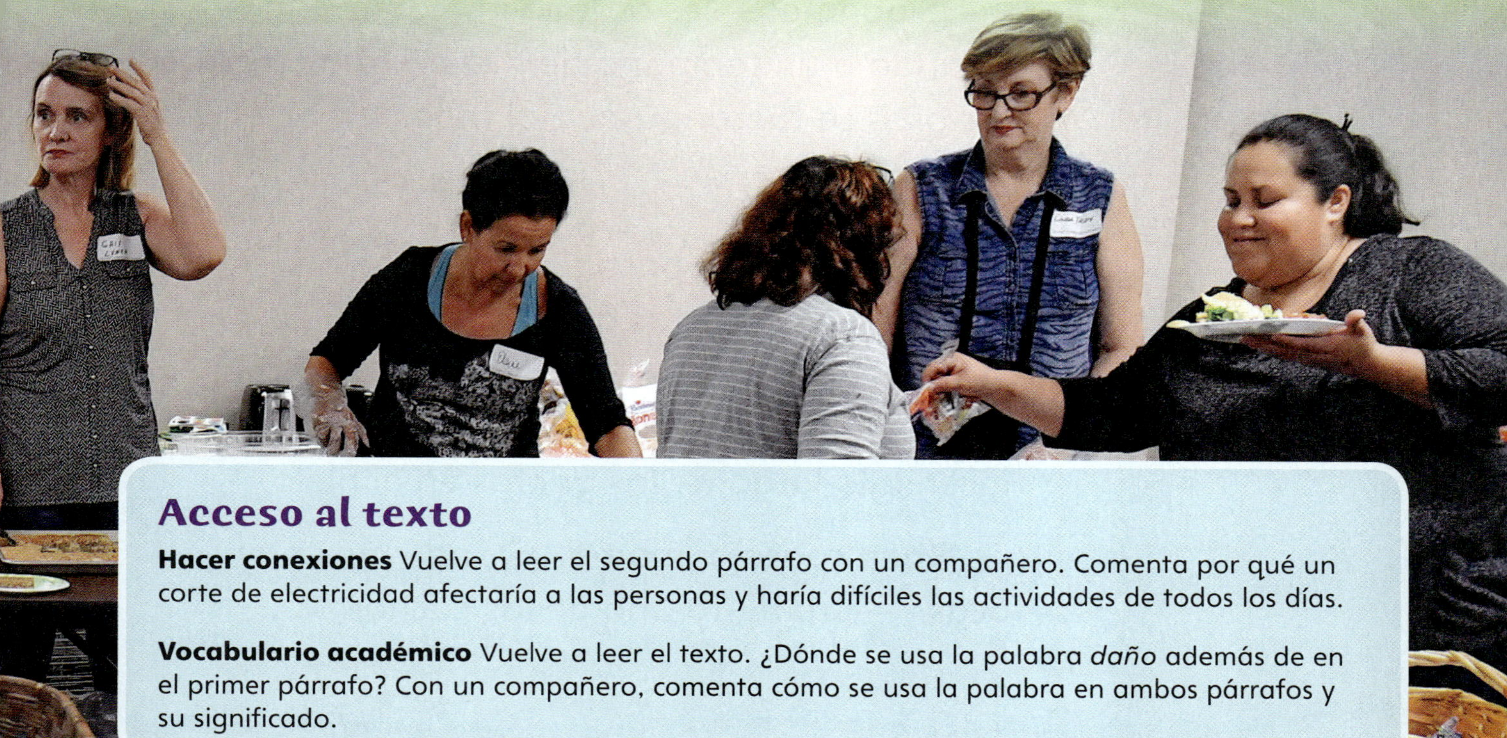

Acceso al texto

Hacer conexiones Vuelve a leer el segundo párrafo con un compañero. Comenta por qué un corte de electricidad afectaría a las personas y haría difíciles las actividades de todos los días.

Vocabulario académico Vuelve a leer el texto. ¿Dónde se usa la palabra *daño* además de en el primer párrafo? Con un compañero, comenta cómo se usa la palabra en ambos párrafos y su significado.

A la caza de un plan de supervivencia

—¡Presten atención! —les dijo la mamá a sus cachorros de oso polar. Los dos cachorros jugaban en lugar de atender la lección de caza de la mamá—. Algún día tendrán que arreglárselas solos —les dijo—. El único modo de que sobrevivan es si saben cazar.

—Sí, mamá —dijeron los cachorros. Pero pronto estaban rodando en el hielo otra vez. Eran cachorros. No pensaban en ninguna amenaza. Querían jugar. No pensaban en la supervivencia.

Vocabulario académico

amenaza
sustantivo que significa 'problema o peligro'

—¡Síganme! —les ordenó la mamá, saltando a un témpano de hielo. Pronto los tres osos se fueron rumbo al mar.

Mamá siguió:

—El mejor lugar para encontrar focas es a lo largo de las grietas que hay en el hielo. A las focas les gusta nadar bajo el agua, pero vuelven a la superficie para respirar. Y lo hacen a lo largo de las grietas en el hielo.

Comprensión

Evaluar los detalles
Los detalles de este párrafo son importantes para determinar el tema.

—Buen consejo, mamá. ¿Dónde más hay focas? —preguntó uno de los cachorros.

—A veces descansan al sol —dijo la mamá.

—¿No podemos comer animales que mataron los otros osos, y ya? —preguntó el otro cachorro.

—Sí, si los encuentras —dijo la mamá—. Recuerden que, para sobrevivir, tienen que esforzarse mucho. Tienen que pensar cuál es la mejor opción. Siempre deben tener un plan de seguridad por si algo no sale como esperaban. Y tienen que prever lo que va a pasar. Tienen que estar preparados.

Los cachorros se pusieron a rodar en la nieve otra vez. Entonces la mamá oyó un fuerte chapuzón. ¡Los cachorros habían caído al agua helada!

—¡Qué suerte que los osos polares seamos buenos nadadores! —exclamó la mamá—. Creo que la lección de caza terminó por hoy. Sonrió y dejó que los cachorros siguieran jugando el resto del día.

Comprensión

Evaluar detalles (para determinar el tema)
Los detalles en el tercer párrafo en esta página son importantes para determinar el tema.

Vocabulario académico

prever verbo que significa 'pensar con anticipación'

Acceso al texto

Evaluar los detalles Con un compañero, comenta el tema del texto. Luego, busca detalles que lo apoyen.

Vocabulario académico Vuelve a leer el segundo párrafo. Repasa el significado de la palabra *amenaza* y piensa en sinónimos que puedan reemplazarla.

Agradecimientos

Fotografías

Photo locators denoted as follows Top (T), Center (C), Bottom (B), Left (L), Right (R), Background (Bkgd)

4 Mangm Srisukh Stock Photo/Shutterstock, (Bkgrd) Comstock/Thinkstock/Getty Images; **6** (BCR) Robert Cross/KRT/Newscom, (CR) Comstock/Thinkstock/Getty Images; **7** Carolina K Smith MD/Fotolia; **8** Testing/Shutterstock; **9** Batchelder/Alamy Stock Photo; **10** (CR) Walter Bieri/AP Photo, (TL) Africa Studio/Fotolia; **11** (BR) Thinkstock/Getty Images, (CR) Olesia Sarycheva/Fotolia; **12** (CR) Chris McLennan/Alamy Stock Photo, (T) SkillUp/Shutterstock, **13** (BR) Christian Kober/Robertharding/Alamy Stock Photo, (TR) Nokuro/Shutterstock; **14** (B) vlads/Fotolia, (BR) Kenneth Sponsler/Fotolia, (T) Fotolia, (TR) davidtui/Fotolia; **15** Rob/Fotolia; **16** Ondrej Prosicky/Shutterstock; **18** (Bkgrd) Fotolia, (BC) Stefan Ekernas/Fotolia, (TR) Dmitry V. Petrenko/Fotolia; **19** (BL) Martin Lodemore/Fotolia, (CR) Bastos/Fotolia; **20** (B) Fotolia, (BL) Fotolia; **21** (BC) Paul/Fotolia, (BR) Nikolai Sorokin/Fotolia; **22** (Bkgrd) Hemera Technologies/ Getty Images, (TR) lunamarina/Fotolia; **23** Tim Cuff/Alamy Stock Photo; **24** Juniors Bildarchiv/ AGE Fotostock; **26** (Bkgrd) Filip Bjorkman/Shutterstock, (BL) Lightmoon/123RF; **27** (BR) Lisovskaya Natalia/Shutterstock, (TR) Lori Labrecque/Shutterstock; **28** Darleine Heitman/ Shutterstock; **30** (Bkgrd) Dalmingo/Shutterstock, (TR) STRINGER/AFP/Getty Images; **31** Chris Kruger/Shutterstock; **32** (Bkgrd) Thinkstock/Getty Images, (B) Fotolia, (C) Fotolia; **33** iMAGINE/ Fotolia; **34** (Bkgrd) Fotolia, (CR) Pearson Education; **35** Stockbyte/Thinkstock/Getty Images; **36** (Bkgrd) Luchenko Yana/Shutterstock, (TR) Everett Collection Inc/Alamy Stock Photo; **37** Everett Historica/Shutterstock; **38** (Bkgrd) Pearson Education, (CL) Aaron Kohr/Fotolia; **39** (BR) Pearson Education, (R) Brand X Pictures/Thinkstock/Getty Images; **40** Maciej Bledowski/ Alamy Stock Photo; **42** Chris Jobs/Alamy Stock Photo; **44** (Bkgrd) Ratana21/Shutterstock, (CR) Daniel Acker/Bloomberg/Getty Images, (TL) Dpa picture alliance/Alamy Stock Photo; **45** White House Photo/Alamy Stock Photo; **46** (Bkgrd) Pearson Education, (BL) Toniflap/Fotolia, (TR) Digital Vision/Thinkstock/Getty Images; **47** (BL) Thinkstock/Getty Images, (TR) Aramanda/ Fotolia; **48** (Bkgrd) Pearson Education, (BR) Everett Collection Inc/Alamy Stock Photo, (TL) WDC Photos/Alamy Stock Photo; **49** (BR) Library of Congress Prints and Photographs Division Washington, D.C. 20540, Reproduction Number: LC-USZ62-41756, (TR) Library of Congress Prints and Photographs Division Washington, D.C. 20540, Reproduction Number: LC-USZ62-124309; **50** (Bkgrd) Irina Rogova/Shutterstock, (BL) ALERIE MACON/AFP/Getty Images; **52** Peky/Shutterstock; **54** Mick Roessler/Getty Images; **55** Zack Frank/Shutterstock; **56** Julia Gyshina/Shutterstock; **57** (CL) chas53/Fotolia, (CR) CreativeNature.nl/Shutterstock, (TR) Esbobeldijk/Shutterstock; **58** (Bkgrd) clearviewstock/Fotolia, (BR) Anton Prado Photo/ Fotolia, (CR) Link Art/Fotolia, (TL) tm-photo/Fotolia; **59** (BL) andesign101/Fotolia, (CR) Zedcor Wholly Owned/Thinkstock/Getty Images, (TC) Comstock/Thinkstock/Getty Images, (TCR) Feng Yu/Fotolia, (TL) Fotolia, (TR) Nikolai Sorokin/Fotolia; **60** (B) Ricky Carioti/The Washington Post/ Getty Images, (T) Melazerg/Shutterstock; **62** (Bkgrd) Alexey Seafarer/Shutterstock, (TR) GUDKOV ANDREY/Shutterstock.